おやつ大全集

だいたい家にあるもので
作れる77レシピ

本間節子

はじめに

たとえばくだものを切っただけでも、それはおやつ。
だけどもう少しだけ頑張って、あとひと手間をかけられたら、
ぐっとときめく、特別なおやつになります。
生のメロンで作ったクリームソーダ。
すいかの皮を器にしたシャーベット。
きっと記憶に残る特別なおやつになるんじゃないかと思います。
本書では、そんなレシピをご紹介したいと思います。

だけど難しいことはありません。
素材の味を生かすこと。そのおいしさを無駄にしないこと。
あれこれいじらないこと。材料を足しすぎないこと。
それさえ気をつけていれば十分です。
材料も工程もシンプルだから、できあがりもシンプル。
だからこそ子どもも大人も安心して食べられますし、
作り手の思いもストレートに伝わるはずです。

本書のレシピは「だいたい家にあるもの」で作れます。
季節を感じながら、その作業自体を楽しみながら、
おやつのある生活を、手軽に満喫していただけたらと思います。
なにしろ作りたてのおやつは、やっぱり抜群においしいんです。
その特別な味わいを、読者のみなさんにも知ってもらえることが、
私にとってはなによりの喜びです。

本間節子

もくじ

002	はじめに
006	材料について
007	道具について

くだもののおやつ

008	煮りんご
010	焼きりんご
012	チョコバナナ
014	バナナサンド
016	バナナジュース
018	いちごジュース
018	いちごソーダ
019	いちごミルク
022	桃のシロップ煮
024	桃ソーダ
025	すいかソーダ
026	すいかシャーベット
028	レモネード
030	グレープフルーツのはちみつマリネ
032	ぶどうシャーベット
034	プラムのシロップ煮
036	いろいろくだもののマリネ
038	フルーツポンチ
040	ミックスジュース
041	ミックスジュースのシャーベット
042	ミックスジュースのババロア
044	フルーツ大福

卵、粉、乳製品のおやつ

046	ホットケーキ
048	米粉のパンケーキ
050	チョコチップクッキー
052	バタークッキー
054	米粉のクッキー
056	スコーン／いちごのスコーン
058	さくらんぼのクラフティ
060	チーズケーキ
062	ブラウニー
064	ふんわりマドレーヌ
068	くるくるクレープ
070	ドーナツ
072	蒸しケーキ
074	卵ボーロ
076	ベビーカステラ
078	チョコレートボール

冷たいおやつ

080	いちごミルクゼリー
082	ヨーグルトゼリー 柑橘ソース添え
084	豆乳ゼリー
086	柑橘寒天
088	麦茶寒天
090	豆乳プリン
092	チョコレートプリン
094	練乳かき氷
096	チョコレートアイスキャンディー

飲むおやつ

- 098 　生メロンクリームソーダ
- 100 　ホットチョコレート
- 102 　ホットジンジャー

和風のおやつ

- 104 　だんご3きょうだい
  しょうゆ／みたらし／あん
- 106 　おしるこ
- 108 　蒸しまんじゅう
- 110 　おかき
- 112 　わらびもち
- 114 　水ようかん

食パンのおやつ

- 116 　フレンチトースト
- 118 　クリームチーズ
  はちみつトースト
- 119 　ラスク
- 120 　クリームチーズと
  チョコレートのホットサンド
- 122 　4つのディップ
  いちごバター／ドライフルーツとクリームチーズ
  チョコレート／キャラメル

野菜のおやつ

- 124 　野菜チップス
- 126 　焼きいもスコーン
- 128 　大学いも
- 130 　ナッツの砂糖がらめ

しょっぱいおやつ

- 132 　チーズ入り焼きおにぎり
- 134 　チーズせんべい
- 136 　じゃがいもと
  とうもろこしのお焼き
- 138 　たこ焼き
- 140 　ケークサレ
- 142 　ミニアメリカンドッグ

この本の決まり

- 「常温」とは約18℃を指します。
- オーブンは電気のコンベクションオーブンを使用しています。焼成温度、時間は機種により異なりますので、様子を見ながら焼いてください。オーブンの火力が弱い場合は焼成温度を10℃上げてください。
- 電子レンジは特に記載がない場合、600Wを使用しています。
- フライパンはフッ素樹脂加工のものを使用しています。
- 卵はLサイズ（正味60g）を使用しています。
- レモンやオレンジなどの柑橘類はポストハーベスト農薬不使用のものをお使いください。
- 大さじ1は15㎖、小さじ1は5㎖、ひとつまみは指3本でつまんだくらいの量です。

材料について

本書で考える「だいたい家にあるもの」は以下のとおりです。
普段の料理で使用していると思われるものは除外しています。

だいたい家にあるもの ➡ これらがあれば大半のレシピは作れます

○薄力粉（バイオレットなど）　○片栗粉　○牛乳　○油（米油かサラダ油）
○砂糖（てん菜糖かきび砂糖、たまにグラニュー糖や粉砂糖も）　○ベーキングパウダー
○レモン（レモン果汁）　○バター（食塩不使用）　○卵　○チョコレート　○はちみつ

買おうと思えばすぐに買えるもの ➡ たまに登場します

○生クリーム（おもに乳脂肪分36%）　○クリームチーズ　○練乳（加糖）
○豆乳（成分無調整）　○粉ゼラチン　○粉寒天　○ココアパウダー
○シナモンパウダー　○ドライフルーツ各種　○ラム酒

わざわざ用意するもの ➡ 特定のレシピで使用しています

○米粉（製菓用）　○白玉粉　○上新粉　○わらびもち粉　○きな粉　○あんこ
○黒みつ　○スパイス各種　○ハーブ各種　○ナッツ各種

道具について

本書ではハンドミキサーはほとんど使いません。
100円ショップでもそろえられるものばかりです。

○ 粉ふるい（万能こし器）
粉類はこれでふるって加えます。だまになりにくくなります。

○ ボウル
大小複数のサイズがあるとよいでしょう。

○ 泡立て器
卵、牛乳、油などを使う生地を混ぜるときなどに使用します。

○ めん棒
クッキーなどの生地をのばすときに使用します。

○ ゴムべら
実際は耐熱シリコン製のものが大半です。生地を混ぜるときに使います。

○ バット
オーブン対応の耐熱性のものなら型のようにして使うこともできます。

○ はかり
デジタルで正確に計量できるものが望ましいです。

くだもののおやつ

くだもののおやつ

煮りんご

電子レンジであっというまに作れる
ヘルシーなお手軽おやつです。

[材料と下準備] 2人分

りんご … 1個(正味200g)
　▷ 皮をむいて8等分のくし形に切り、芯を取る

A 砂糖 … 20g(りんごの正味量の10%)
　レモン果汁 … 小さじ1

B 水 … 100mℓ
　レモン(国産)の皮 … 1/8個分
　　▷ ピーラーで削る

[作り方]

1　耐熱容器にりんごを入れ、Aをふってまぶし、Bを加える。ふんわりラップをして電子レンジで2分ほど加熱して混ぜる、を3回繰り返す。

2　りんごにぴったりラップをして冷まし、さらに冷蔵室で冷やす。

note
・プレーンヨーグルトをかけて食べるのもおすすめです。

焼きりんご

とろりとやわらかくなったりんごがおいしいです。
ラムレーズンは前日に仕込んでください。市販品でも。

くだもののおやつ

[材料と下準備] 2人分

りんご … 大1個
　▷皮つきのまま縦半分に切り、
　芯をくりぬく [a]

ラムレーズン
　| レーズン … 20g
　| ラム酒 … 大さじ1
　▷レーズンを熱湯にくぐらせて水けをきり、
　すぐにラム酒をかけてひと晩おく

レモン果汁 … 小さじ1

砂糖 … 大さじ1と1/2

シナモンパウダー … 少々

バター（食塩不使用） … 10g
　▷1cm角に切る

＊オーブンは180℃に予熱する。

[作り方]

1. アルミホイルを2枚重ねにし、りんごの切り口を残して包む。芯のあったところにラムレーズンを入れる。

2. 天板にのせ、レモン果汁、砂糖、シナモンパウダーの順にふり [b]、さらにバターをのせる。180℃のオーブンで40分ほど焼く。

note
・シャキッとさせるなら30分ほど、さらにとろっとさせるなら1時間ほど焼き、好みの焼き加減に仕上げてください。
・アイスクリームやホイップクリームを添えても合います。

くだもののおやつ

チョコバナナ

チョコがおいしければおいしいほど仕上がりがよくなります。
自由にトッピングして楽しんでください。

[材料と下準備] 1人分

バナナ … 1本
　▷ 長さを3等分に切る
チョコレート … 60g
　▷ 大きいものは適当な大きさに割る
ナッツ（ロースト済み・無塩・アーモンド
　スライスやピスタチオなど）… 適量
　▷ 必要に応じてトッピングしやすい
　　大きさに刻む

[作り方]

1. 耐熱ボウルにチョコレートを入れ、ふんわりラップをして電子レンジ（300W）で1〜2分加熱し、溶けきる前に取り出し [a]、泡立て器で混ぜて溶かす。

2. 1にバナナを加えてからめる。オーブン用シートを敷いたバットに並べ、ナッツを散らし、チョコレートが固まるまで冷蔵室で冷やす。

note
・チョコレートは板チョコでもクーベルチュールでも。電子レンジ加熱は、混ぜてやっと溶けるくらいの状態で取り出します。
・ナッツの代わりにコーンフレークやクッキーを砕いてトッピングしても合います。

バナナサンド

バナナをはさむのではなくバナナではさみます。
プルーン以外にもいろいろなものが合いそう。

[材料と下準備] 1人分

バナナ … 1本
　▷厚みを半分に切り、切り口の水けを拭く
A　クリームチーズ … 40g
　　▷常温にもどす
　きび砂糖 … 小さじ1
ドライプルーン（あれば）… 1個
　▷3〜4等分に切る

[作り方]

1. ボウルにAを入れ、ゴムべらでなめらかになるまで練り混ぜ、口金をつけた絞り出し袋に入れる。
2. バナナの片方の切り口に1を6〜7か所絞り出し a 、ドライプルーンをのせる。残りのバナナを重ね、ラップで包んで冷蔵室で冷やす。

note
・1はスプーンですくってのせてもOK。

くだもののおやつ

バナナジュース

ヨーグルトを加えて濃厚に仕上げます。
もちろんミキサーでもOK。

[材料と下準備] 2人分

バナナ … 1本（正味120g）
　▷ひと口大に切る
牛乳 … 200㎖
プレーンヨーグルト（無糖）… 50g

[作り方]

1. 容器に材料をすべて入れ、ハンドブレンダー a で撹拌する。
2. グラスに入れ、好みで輪切りにしたバナナ（分量外）を添える。

いちごジュース

いまいちないちごも
ジュースにすれば万事解決。

[材料と下準備] 2人分

A いちご … 正味100g
　▷ へたを取る
　砂糖 … 20g（いちごの正味量の20%）
　レモン果汁 … 小さじ1
冷水 … 200㎖

[作り方]

1. 容器にAを入れ、ハンドブレンダーで攪拌する。
2. グラスに入れ、好みで氷（分量外）を加え、冷水を注ぐ。

いちごソーダ

凍らせたいちごが氷代わり！
市販の冷凍いちごを使っても。

[材料と下準備] 2人分

A いちご … 正味100g
　▷ へたを取る
　砂糖 … 20g（いちごの正味量の20%）
　レモン果汁 … 小さじ1
いちご … 小6個
　▷ へたを取り、冷凍室で凍らせる
炭酸水（無糖）… 200㎖
　▷ 冷やしておく

[作り方]

1. 容器にAを入れ、ハンドブレンダーで攪拌する。
2. グラスに1と凍らせたいちごを入れ、炭酸水を注ぐ。

くだもののおやつ

いちごミルク

牛乳を加えるとまろやかな甘さに。
育ち盛りの子どもにもぴったりです。

[材料と下準備] 2人分

A いちご … 正味100g
　　▷へたを取る
　砂糖 … 20g (いちごの正味量の20%)
牛乳 … 200ml

[作り方]

1　容器にAを入れ、ハンドブレンダーで撹拌する。

2　グラスに入れ、牛乳を注ぐ。

note

・ハンドブレンダーやミキサーがない場合、フォークでいちごをつぶし、砂糖を混ぜても。

桃のシロップ煮

電子レンジでチン！ で完成。
桃をおいしいまま保存できます。

[材料と下準備]　作りやすい分量

桃 … 1個（正味250g）
　▷ 皮つきのままよく洗い、くぼみに沿って包丁をぐるりと入れ、ひねって2つにする。スプーンで種を取り、さらに縦2～3等分に切る

A　水 … 50ml（桃の正味量の20%）

　　砂糖 … 25g（桃の正味量の10%）

　　レモン果汁 … 小さじ1

[作り方]

1. 耐熱ボウルに桃を入れてAを加え、ふんわりラップをして電子レンジで3分ほど加熱し、軽く混ぜる。再びふんわりラップをして電子レンジで3分ほど加熱する。

2. 桃にぴったりラップをして冷まし、さらに冷蔵室で半日ほど冷やす。いただくときに皮をむく。

note
・保存の目安は冷蔵で約1週間。
・桃とシロップ各適量をハンドブレンダーで攪拌し、炭酸水（無糖）や冷水で割るとおいしい桃のドリンクになります。

桃ソーダ

やさしい甘みと炭酸の爽快感が相まって
夏にぴったりなおやつドリンクに。

[材料と下準備] 3〜4人分

A 桃 … 1個（正味250g）
　▷ 皮つきのままよく洗い、くぼみに沿って包丁をぐるりと入れ、ひねって2つにする。スプーンで種を取り、さらに縦4等分に切って皮をむく

　プレーンヨーグルト（無糖）… 75g
　　（桃の正味量の30%）

　砂糖 … 25g（桃の正味量の10%）

　レモン果汁 … 小さじ1

炭酸水（無糖）… 300㎖
　▷ 冷やしておく

[作り方]

1. 容器にAを入れ、ハンドブレンダーで攪拌する。

2. グラスに入れ、好みで氷（分量外）を加え、炭酸水を注ぐ。

note
・炭酸水（無糖）の代わりに冷水でも。

くだもののおやつ

すいかソーダ

発泡するすいかは夢のようなおいしさ！
アイスクリームをのせてクリームソーダにしても素敵です。

[材料と下準備] 4人分

すいか … 正味300g
　▷ 皮つきのまま適当な大きさに切り、果肉をすりおろす[a]。ざるでこして種を取り、300g用意する

A　砂糖 … 30g（すいかの正味量の10%）
　　レモン果汁（あれば）… 小さじ2

炭酸水（無糖）… 200㎖
　▷ 冷やしておく

[作り方]

1. ボウルにすいかを入れ、Aを加えて混ぜる。
2. 1の1/2量を製氷皿に流し入れ、冷凍室で5時間ほど冷やし固める。残りは冷蔵室で冷やす。
3. グラスに2を入れて炭酸水を注ぎ、好みで食べやすく切ったすいか（分量外）を添える。

すいかシャーベット

すいかの皮を容器にしちゃいましょう。
見た目にも涼やかな夏のごちそうシャーベットです。

[材料 と 下準備] 4人分

小玉すいか … 1/2個（正味400g）
　▷ 果肉をくりぬいて種を取り、400g用意し、ハンドブレンダーで攪拌して300gと100gに分ける。皮は冷凍室に入れておく

A 砂糖 … 30g
　はちみつ … 30g
　レモン果汁（あれば）… 小さじ2

[作り方]

1. ボウルにすいかの果肉300gを入れ、Aを加えて混ぜる。バットに流し入れ、冷凍室で5時間ほど冷やし固める。

2. すいかの果肉100gは冷蔵室で冷やす。

3. 1をバットから取り出し、包丁でざく切りにする。

4. 容器に2と3を入れ、ハンドブレンダーで攪拌する。バットに戻し入れ、再び冷凍室で2時間ほど冷やし固める。

5. ディッシャーなどでほぐしながらすくい[a]、すいかの皮に盛る。

note
・ホイップクリームをのせて混ぜながら食べるのもおいしいです。

くだもののおやつ

レモネード

濃さは好みで調整を。
炭酸水や熱湯で割ってもいいですね。

[材料と下準備]　作りやすい分量

レモン（国産）… 1個（正味100g）
　▷ 両端を切り落とし、薄い輪切りにする
砂糖 … 50g（レモンの正味量の50％）
冷水 … 適量

[作り方]

1. 保存瓶にレモンと砂糖を交互に重ね入れ[a]、最後にレモンの切り落とした両端に残っている果肉をぎゅっと搾り入れる。砂糖が溶けるまで冷蔵室で2〜3日おく。

2. ピッチャーやグラスに1を適量入れ、好みで氷（分量外）を加え、冷水を注ぐ。

note
・保存の目安は冷蔵で約1か月。
・1でタイム、ミント、ローズマリーなどを入れてもおいしいです。

くだもののおやつ

グレープフルーツの
はちみつマリネ

はちみつをかけておいておくだけで
甘みがぐんとしみ込みます。

[材料 と 下準備] 4人分

グレープフルーツ（ホワイト、ルビー）
　… 各1個（各正味200g）
　▷ 皮と薄皮をむき、果肉を取り出す

ミントの葉 … 適量

はちみつ … 40g（グレープフルーツの正味量の10％）

[作り方]

1　バットにグレープフルーツを並べ、ミントの葉をちぎりながら散らし、はちみつをかける。ラップをして冷蔵室でひと晩冷やす。

note
・グレープフルーツは1種類でも。

ぶどうシャーベット

わが家の定番です。旬の時期にぶどうが余ったら
シャーベットにしておいしさを長もちさせましょう。

[材料と下準備] 作りやすい分量

好みのぶどう (シャインマスカット、ピオーネ、巨峰など) … 適量
　▷ 房からはずす

[作り方]

1　皮ごと食べられるぶどうは皮つきのままよく洗い、水けを拭く。皮ごと食べられないぶどうは、鍋に湯を沸かし、10〜20秒ゆでて冷水に取り、皮をむいて水けを拭く。バットに入れ、冷凍室で3時間ほど冷やし固める。

くだもののおやつ

プラムのシロップ煮

甘酸っぱいプラムに甘さを足してより食べやすく。
キルシュを加えれば大人っぽいデザートに。

[材料と下準備] 作りやすい分量

プラム … 500g
　▷皮つきのままよく洗い、水けを拭く
A　水 … 300mℓ
　　砂糖 … 60g
レモン果汁 … 大さじ1
キルシュ（好みで）… 小さじ1

[作り方]

1. 鍋にAを入れて中火にかけ、煮立ったらプラムとレモン果汁を加え、落としぶたをしてごく弱火で5分ほど煮る。火を止め、キルシュを加えてそのまま冷ます。
2. プラムの皮がはがれている場合はむき、シロップごと保存瓶（または保存容器）に移し、冷蔵室で冷やす。

note
・保存の目安は冷蔵で約1週間。
・プラムは種ごと、皮つきのまま使用。すもも、ソルダムなどの名前で売られているものも同じように作れます。
・冷めたらシロップだけをバットに移し、冷凍室で冷やし固めてシャーベットにし、プラムに添えて食べてもおいしいです。

くだもののおやつ

いろいろくだもののマリネ

くだものの組み合わせは自由自在。
季節ごとに彩りよくミックスして作ってみてください。

[材料と下準備] 2～3人分

くだもの（キウイ、オレンジ、バナナ、
　パイナップル、りんごなど）
　… 合計正味300g
　▷ ひと口大に切る
A はちみつ（または砂糖）… 20g
　レモン果汁 … 小さじ1

[作り方]

1. バットにくだものを入れてAを回しかけ、軽く混ぜる。ラップをして冷蔵室で3時間ほど冷やす。

note
・オレンジやグレープフルーツなど、皮に果肉が残っている場合は搾り加えてください。
・好みのハーブ（ミントやディルなど）を加えたり、仕上げに添えても。

フルーツポンチ

さっぱりとした夏のデザート。
好みで白玉だんごを加えると懐かしいおいしさに。

[材料と下準備] 4人分

くだもの（桃、すいか、シャインマスカット、バナナ、
　りんごなど）… 合計正味400g
　▷ ひと口大に切る（バナナは加える直前に切る）
レモン果汁 … 小さじ2
A　白ワイン … 70mℓ
　　砂糖 … 50g
炭酸水（無糖）… 400mℓ
　▷ 冷やしておく

[作り方]

1. 器にくだもの（バナナ以外）を入れ、レモン果汁をかける。
2. 鍋にAを入れて中火にかけ、アルコールを飛ばす。1に回しかけて軽く混ぜ、冷蔵室で30分ほど冷やす。
3. いただく直前にバナナを加え、炭酸水を注ぐ。

note
・バナナは変色しやすいため、いただく直前に切って加えます。
・くだものはいちご、オレンジ、キウイ、梨など、なんでも合うので季節ごとに楽しんでみてください。缶詰を使用しても構いません。

ミックスジュース

フルーツ缶で作るミックスジュースです。
シロップも混ぜるのが
おいしく仕上げるポイント。

[材料と下準備] 3人分

くだものの缶詰の果肉
　（みかん、桃、パイナップルなど）… 合計250g
くだものの缶詰のシロップ … 50㎖
バナナ … 小1本（正味100g）
　▷ 適当な大きさに切る
牛乳 … 100㎖

[作り方]

1. 容器に材料をすべて入れ、ハンドブレンダーで撹拌する。
2. グラスに入れ、好みで氷（分量外）を加える。

<u>note</u>
・くだものの缶詰の果肉は好みのものを1～2種でもOK。

ミックスジュースの
シャーベット

ミックスジュースがシャーベットに。
砂糖を加えて凍らせるだけです。

[材料]
17×11×深さ6cmのホーローバット1台分

ミックスジュース（→P40）
　… 全量（500ml）

砂糖 … 25g

[作り方]

1. バットにミックスジュースを入れ、砂糖を加えてよく混ぜる。冷凍室で3時間ほど冷やし固める。

2. 固まってきたらフォークで空気を含ませるようにふわっと混ぜる a 。再び冷凍室で2～3時間冷やし固める。

3. ディッシャーでほぐしながらすくい、器に盛る。

note
・途中で混ぜると口当たりの軽いシャーベットになります。混ぜるのを忘れてしまった場合はいただくときによく混ぜればOK。

ミックスジュースのババロア

ホイップクリームと混ぜてゼラチンで固めればババロアに。
まろやかな甘さがたまりません！

くだもののおやつ

[材料と下準備] 直径18cmのエンゼル型1台分

ミックスジュース（→P40）… 全量（500㎖）

くだものの缶詰の果肉（みかん、桃、パイナップルなど）… 合計150g
　▷2cm角に切る

くだものの缶詰のシロップ … 50㎖

A　生クリーム … 150㎖
　｜ 砂糖 … 15g

B　水 … 25㎖
　｜ 粉ゼラチン … 8g
　▷水に粉ゼラチンをふり入れ、5分ほどおいてふやかす

[作り方]

1. ボウルにAを入れ、ボウルの底を氷水にあててハンドミキサーで大きく混ぜながら泡立てる。もったりとして、すくったときにぽったりと落ちるくらいになったらOK（八分立て）a。氷水からはずし、冷蔵室で冷やしておく。

2. 鍋に缶詰のシロップを入れて弱火にかけ、縁がふつふつとしてきたら（約80℃）火を止める。Bを加え、ゴムべらで混ぜて溶かし、ミックスジュースを加えて混ぜる。

3. ボウルに移し、ボウルの底を氷水にあてて、ゴムべらでやさしく混ぜながらとろみがつくまでよく冷やす。氷水からはずし、1を加えてふんわり混ぜる。

4. 型に3の1/2量を流し入れ、缶詰の果肉をのせ、残りの3を流し入れる b。表面を平らにならし、冷蔵室で4時間以上冷やし固める。

5. 表面にラップをかぶせ、指で縁を軽く押さえてすき間を作る c。型の底をぬるま湯（約40℃）につけて軽く温め、再び縁を軽く押さえて空気を入れる。器をかぶせ、器ごとひっくり返して取り出す。

note
・エンゼル型がない場合はボウルやグラスで作ってもOK。
・5で湯の温度が高いと溶けやすいのでぬるま湯を使用してください。

フルーツ大福

さまざまなくだもので作れます。
できたての生地はとってももちもちで、手作りならではの感動が!

くだもののおやつ

[材料と下準備] 7個分

好みのくだもの (いちご小、バナナ輪切り、皮ごと食べられるぶどうなど)
　… 合計7個／切れ

こしあん … 120g
　▷7等分にする

白玉粉 … 100g

水 … 120㎖

砂糖 … 20g

打ち粉 (片栗粉) … 適量

[作り方]

1　くだものは1/3ほどが見えるようにこしあんで包む 。

2　耐熱ボウルに白玉粉を入れて水を回しかけ、ゴムべらでなめらかになるまで混ぜ、砂糖を加えてよく混ぜる。ふんわりラップをして電子レンジで2分ほど加熱し、濡らしたゴムべらでよく練り混ぜる 。再びふんわりラップをして電子レンジで2分ほど加熱し、同様に混ぜる。

3　打ち粉をふった台にのせ、手に打ち粉をつけて半分に折り 、合わせ目を下にする。手で触れるくらいの温度になったら親指と人さし指で輪を作り、輪の内側に打ち粉をつけ、7等分にちぎり 、ちぎった面を下にして置く。

4　手に打ち粉をつけながら3を軽く押さえて広げ、1のくだものが下になるようにのせる 。1を押し込みながら生地を持ち上げるように包み 、ぎゅっと閉じて形を整える。

note
・生地を7等分にちぎるのは目分量でOK。まずだいたい1/7量をちぎり、残りを半分→さらに3等分にすると均一にしやすいです。

卵、粉、乳製品のおやつ

ホットケーキ

生地にヨーグルトを入れて、
ふわふわに焼きあげます。

[材料と下準備] 6枚分

A 卵 … 1個
　▷ 常温にもどす
　きび砂糖 … 30g
　牛乳 … 50㎖
　プレーンヨーグルト（無糖）… 50g
B 薄力粉 … 120g
　ベーキングパウダー … 小さじ1
油 … 20g＋適量
バター（食塩不使用）、はちみつ … 各適量

[作り方]

1. ボウルにAを入れて泡立て器でぐるぐる混ぜ、Bをふるい入れて粉けがなくなるまで混ぜる。油20gを加え a 、なじむまでぐるぐる混ぜる。

2. フライパンを中火にかけて温め、油適量をペーパータオルで薄く塗る b 。1の生地をお玉1杯分すくって流し、直径10cmほどに広げ、ふたをして中火のまま2分30秒ほど蒸し焼きにする。表面にぷつぷつと穴があき、底面に焼き色がついたらふたを取り c 、上下を返して30秒〜1分焼く。2枚目以降は油を塗らずに同様に焼く。

3. 器に盛り、バターをのせてはちみつをかける。

米粉のパンケーキ

薄力粉に比べて薄く、しっとりと仕上がります。
素朴な味わいなので朝食などのパン代わりにしても。

[材料と下準備] 6枚分

A 卵 … 1個
　▷ 常温にもどす
　きび砂糖 … 30g
　牛乳 … 90㎖

B 米粉（製菓用）a … 100g
　ベーキングパウダー … 小さじ1

バター（食塩不使用）… 15g

生クリーム … 60㎖
　▷ ハンドミキサーで泡立て、もったりとして、すくったときにぽったりと落ちるくらいになったら（八分立て）、冷蔵室で冷やしておく

いちごジャム … 適量

[作り方]

1. ボウルにAを入れて泡立て器でぐるぐる混ぜ、Bをふるい入れて粉けがなくなるまで混ぜる。

2. フライパンにバターを中火で溶かし、1に加えて b なじむまでぐるぐる混ぜる。

3. 2のフライパンをペーパータオルでさっと拭き、中火にかけて温める。2の生地をお玉1杯分すくって流し、直径12cmほどに広げ、中火のまま1分ほど焼く。表面にぷつぷつと穴があき、底面に焼き色がついたら上下を返し、30秒〜1分焼く c 。残りも同様に焼く。

4. 器に盛り、泡立てた生クリームといちごジャムをのせる。

note
・米粉は、米を粉状にしたものでグルテンが含まれていないのが特徴。用途によって製菓用、パン用、料理用などがあります。パンケーキには必ず粒子の細かい製菓用を使用してください。

卵、粉、乳製品のおやつ

チョコチップクッキー

ざくざくとしたアメリカンなクッキーです。
コーヒーのお供にぜひ！

[材料と下準備] 直径9cm 8枚分

A 卵黄 … 1個分
　▷ 常温にもどす
　きび砂糖 … 20g
　塩 … 少々

油 … 50g

B 薄力粉 … 100g
　ベーキングパウダー … 小さじ1/4

チョコレート … 40g
　▷ 刻む [a]

＊オーブンは170℃に予熱する。

[作り方]

1. ボウルにAを入れ、泡立て器でぐるぐる混ぜる。油を加え、なじむまでぐるぐる混ぜる。

2. Bをふるい入れ、ゴムべらで粉けがなくなるまで混ぜる [b]。チョコレートを加えてさっくり混ぜ、8等分にして軽く丸める。

3. オーブン用シートを敷いた天板に 2 を並べ、ラップをかぶせてカップなどの底をぎゅっと押しつけ [c]、直径8cmほどに広げる。ラップをはずし、170℃のオーブンで15分ほど焼く。

バタークッキー

生地を冷やしてから焼くアイスボックスクッキーです。
まな板で転がすことで表面がきれいに仕上がります。

[材料と下準備]　直径3cm 23枚分

バター（食塩不使用）… 60g
　▷ 常温にもどす

A｜きび砂糖 … 25g
　｜塩 … 少々

溶き卵 … 10g
　▷ 常温にもどす

薄力粉 … 100g

打ち粉（強力粉）… 適量

＊オーブンは170℃に予熱する。

[作り方]

1　ボウルにバターを入れ、ゴムべらでクリーム状になるまで練る。Aを加えてなじむまでよく練り混ぜ、溶き卵を加えてよく混ぜる。

2　薄力粉をふるい入れ、切るように混ぜる。粉けが少なくなってきたら練るように混ぜる [a]。

3　打ち粉をふった台にのせ、表面にも打ち粉をふる。手に打ち粉をつけ、3〜4回こねてなめらかにする。棒状にまとめてから両手でそっと転がし、長さ24cmほどにする。最後にまな板（またはバット）を軽くあててころころ転がし [b]、形を整える。ラップで包み、冷蔵室で2時間ほど休ませる。

4　両端を薄く切り落とし、厚さ1cmに切る [c]。オーブン用シートを敷いた天板に並べ、170℃のオーブンで15〜20分焼く。

卵、粉、乳製品のおやつ

米粉のクッキー

米粉ならではのやさしい風味がくせになります。
失敗しにくいので気軽に挑戦してみてください。

[材料と下準備]　4cm四方16枚分

バター（食塩不使用）… 60g
　▷常温にもどす
A　きび砂糖 … 25g
　｜　塩 … ひとつまみ
米粉（製菓用）… 100g
牛乳 … 25mℓ
＊オーブンは170℃に予熱する。

[作り方]

1. ボウルにバターを入れ、ゴムべらでクリーム状になるまで練る。Aを加え、なじむまでよく練り混ぜる。

2. 米粉をふるい入れて切るように混ぜ a 、ほろほろになったら牛乳を加えて混ぜる。手でぎゅっと握るようにしながら b ひとつにまとめる。

3. 大きめに切り出したラップにのせ、めん棒で15cm四方ほどにのばす。16cm四方ほどの正方形になるようにラップを折りたたみ、ラップの上からさらにのばす c 。冷蔵室で30分ほど休ませる。

4. 包丁で16等分に切り、オーブン用シートを敷いた天板に並べ、フォークで穴をあける d 。170℃のオーブンで20分ほど焼く。

note
・包丁で切らずに抜き型で抜くこともできます。

スコーン ／ いちごのスコーン

教室でも人気のレシピです。
プレーンもおいしいですし、くだものとの相性も抜群！

スコーン

[材料と下準備] 8個分

A 薄力粉 … 200g
  ベーキングパウダー … 小さじ2
  砂糖 … 30g
  塩 … ひとつまみ

バター（食塩不使用）… 50g
  ▷1cm角に切り、冷やしておく

プレーンヨーグルト（無糖）… 100g

砂糖 … 適量

打ち粉（強力粉）… 適量

＊オーブンは190℃に予熱する。

[作り方]

1. ボウルにAをふるい入れる。バターを加え、指先でつぶすようにしながら粉類となじませ、ときどきこすり合わせて、さらっとした状態にする。ヨーグルトを加え、ゴムべらでなじむまで混ぜる。

2. 打ち粉をふった台にのせ、表面にも打ち粉をふり、ひとつにまとめる。カードで8等分にし、手に打ち粉をつけながらやさしく丸める。

3. 上面に砂糖を軽くつけ、オーブン用シートを敷いた天板にのせ、190℃のオーブンで15分ほど焼く。

いちごのスコーン

へたを取り、縦4等分（大きい場合は1cm角）に切ったいちご正味100gを「スコーン」の1の最後に加え、さっくり混ぜる。2と同様にひとつにまとめてカードで8等分にし、手に打ち粉をつけながらやさしく丸める。3と同様にして焼く。

note

・生地の半分はプレーンに、残りの生地にいちご正味50gを混ぜて、いっしょに焼いてもいいでしょう。

・いちごの代わりにバナナ、ブルーベリー、チョコチップ、ナッツで作っても合います。冷凍フルーツは凍ったまま使用を。

卵、粉、乳製品のおやつ

さくらんぼのクラフティ

クラフティはフランスのリムーザン地方のお菓子。
焼きたてのあつあつも、冷やしたものもおいしいです。

[材料 と 下準備]　容量1ℓの耐熱容器1個分

A　薄力粉 … 20g
　　砂糖 … 40g

B　牛乳 … 100mℓ
　　生クリーム … 100mℓ
　　▷ 混ぜる

卵 … 2個
　▷ 常温にもどす

ラム酒（好みで）… 小さじ1

好みのさくらんぼ … 正味165g
　▷ 軸を取り、種を取り出す [a]

＊耐熱容器の底面と側面にバター（食塩不使用・分量外）を薄く塗る [b]。
＊オーブンは180℃に予熱する。

[作り方]

1. ボウルにAをふるい入れる。Bを5回に分けて加え、そのつど泡立て器でだまにならないように丁寧に混ぜる。卵を加えてぐるぐる混ぜ、ラム酒を加えてさっと混ぜる。ラップをして常温で30分ほど休ませる。

2. 耐熱容器に流し入れてさくらんぼをのせ、180℃のオーブンで25分ほど焼く。

note
・さくらんぼはアメリカンチェリーがおすすめですが、日本の品種でも。バナナ、ブルーベリー、いちごなどでも作れます。缶詰を使用する場合は汁けを拭いてください。

チーズケーキ

少ない材料で型を使わずに作れるチーズケーキ。
オーブン対応の容器ならなんでもOKです。

卵、粉、乳製品のおやつ

[材料 と 下準備]　17×11×深さ6cmのホーローバット1台分

A　クリームチーズ … 200g
　　▷常温にもどす
　　バター（食塩不使用）… 10g
　　▷常温にもどす

砂糖 … 40g

薄力粉 … 10g

卵 … 1個
　　▷常温にもどし、溶きほぐす

プレーンヨーグルト（無糖）… 50g

＊バットにオーブン用シートを敷く a 。
＊バットに注ぐ湯を沸かす。
＊オーブンは160℃に予熱する。

[作り方]

1. ボウルにAを入れ、ゴムべらでクリーム状になるまで練る。砂糖を加えてなじむまでよく練り混ぜ、薄力粉をふるい入れて、粉けがなくなるまで混ぜる。

2. 溶き卵を2回に分けて加え、そのつど泡立て器でぐるぐる混ぜる b 。ヨーグルトを加えてなじむまで混ぜ、バットに流し入れる。

3. 天板に大きめのバットをのせ、さらに2をのせる。大きめのバットに湯を深さ1.5cmほど注ぎ c 、160℃のオーブンで20分ほど焼く。型のバットを取り出し、冷めたらラップをして冷蔵室でひと晩冷やす。

ブラウニー

ふんわり食感のシンプルなブラウニー。
ドライフルーツなどを入れてもよく合います。

[材料と下準備]　24×18×深さ4cmのホーローバット1台分

チョコレート [a] … 100g
　▷大きいものは適当な大きさに割る

油 … 50g

A　卵 … 2個
　　▷常温にもどす
　　きび砂糖 … 50g

牛乳 … 60mℓ

B　薄力粉 … 60g
　　ベーキングパウダー … 小さじ1

粉砂糖 … 適量

＊バットにオーブン用シートを敷く [b]。
＊オーブンは170℃に予熱する。

[作り方]

1. 耐熱ボウルにチョコレートを入れ、ふんわりラップをして電子レンジ（300W）で1分30秒〜2分30秒加熱し、溶けきる前に取り出し、泡立て器で混ぜて溶かす。油を加え、なじむまでぐるぐる混ぜる。

2. 別のボウルにAを入れ、泡立て器でぐるぐる混ぜる。牛乳を加え、なじむまでよく混ぜる。

3. 1に2を4回に分けて加え、そのつど泡立て器でなじむまでよく混ぜる。Bをふるい入れ、粉けがなくなるまで混ぜる。

4. バットに流し入れてゴムべらで表面を平らにし [c]、170℃のオーブンで20分ほど焼く。オーブン用シートごと取り出して網にのせ、冷めたら食べやすい大きさに切って器に盛り、粉砂糖を茶こしに入れてふる。

note
・板チョコでも作れますが、さらにおいしくするにはカカオバターの含有量が多いクーベルチュールチョコレートを使うのがおすすめ。今回はヴァローナのカラク（カカオ分56％）を使用。カカオ分60％前後のものがよいでしょう。

ふんわりマドレーヌ

卵をハンドミキサーで大きく、しっかり混ぜることで、
生地に空気がたっぷり入ってふわふわに仕上がります。

卵、粉、乳製品のおやつ

[材料 と 下準備]　直径7.5cmのマドレーヌアルミカップ5個分

A 卵 … 1個
　▷ 常温にもどす
　砂糖 … 60g

バター（食塩不使用）… 60g

B レモン（国産）の皮 … 1個分
　▷ すりおろす
　牛乳 … 大さじ2

C 薄力粉 … 80g
　ベーキングパウダー … 小さじ1/2
　塩 … ひとつまみ

アイシング
　粉砂糖 … 60g
　レモン果汁 … 小さじ2

＊アルミカップに同じ大きさのグラシンカップを敷く a 。
＊オーブンは180℃に予熱する。

[作り方]

1. ボウルにAを入れ、ハンドミキサーでしっかり混ぜる。すくってみて、とろっと流れ落ちるくらいになったらOK b 。

2. 耐熱ボウルにバターを入れ、ふんわりラップをして電子レンジで50秒〜1分加熱して溶かす。

3. 1にBを加えて泡立て器でさっくり混ぜ、Cをふるい入れ、粉けがなくなるまで混ぜる。ボウルの縁から2を少しずつ加え、ゴムべらでなじむまで混ぜる c 。カップに流し入れ、180℃のオーブンで15分ほど焼く。

4. アイシングを作る。ボウルに粉砂糖を入れ、レモン果汁を少しずつ加えてなめらかになるまで混ぜる。

5. 3が焼きあがったらすぐに4のアイシングをかけて薄くのばし d 、乾かす。

note
・グラシンカップがない場合は、アルミカップに直接流し入れても構いません。

くるくるクレープ

巻くことでもちもちとした食感をより豊かに楽しめます。
バナナやチョコレートなどを包んでさっと焼いてもおいしい。

[材料 と 下準備] 6枚分

A 薄力粉 … 50g
　きび砂糖 … 20g
　塩 … 少々

牛乳 … 120㎖

卵 … 1個
　▷ 常温にもどす

バター（食塩不使用）… 10g ＋ 適量

油 … 適量

メープルシロップ … 適量

[作り方]

1. ボウルにAをふるい入れて泡立て器でさっと混ぜ、牛乳を2回に分けて加え、そのつどなじむまでよく混ぜる。卵を加え、ぐるぐる混ぜる。

2. 直径20cmのフライパンにバター10gを中火で溶かし、1に加えてなじむまでぐるぐる混ぜる。ラップをして常温で30分〜1時間休ませる。

3. 2のフライパンをペーパータオルで拭き、中火にかけて温め、油をペーパータオルで薄く塗る。2の生地をお玉1杯弱分すくって流し、均一に広げて焼く。縁が色づいてきたら菜箸1本（またはパレットナイフ）を差し込み、そっと持ち上げて上下を返す。さらに30秒〜1分焼き、まな板（またはバット）に取り出す。2枚目以降は油を塗らずに同様に焼き、取り出した生地は重ねていく。

4. 1枚ずつくるくる巻いて器に盛り、バター適量をのせてメープルシロップをかける。

ドーナツ

ふわふわのケーキドーナツ。
発酵不用で手軽に作れます。

[材料と下準備] 8個分

バター（食塩不使用）… 20g

A 卵 … 1個
　▷常温にもどす
　砂糖 … 30g
　牛乳 … 40㎖

B 薄力粉 … 150g
　ベーキングパウダー … 小さじ1

揚げ油 … 適量

砂糖 … 適量

打ち粉（強力粉）… 適量

[作り方]

1. 耐熱ボウルにバターを入れ、ふんわりラップをして電子レンジで30～40秒加熱して溶かす。

2. ボウルにAと1を入れ、泡立て器でぐるぐる混ぜる。Bをふるい入れ、ゴムべらで粉けがなくなるまで混ぜる a 。

3. 打ち粉をふった台にのせ、表面にも打ち粉をふり、ひとつにまとめる。カードで8等分にし、手に打ち粉をつけながら丸め、軽く押さえて直径6cmほどに広げる b 。

4. フライパンに揚げ油を入れて160℃に熱し、3を入れ、ときどきそっと返しながら真ん中がふくらみ、全体が色づくまで揚げる。油をきり、砂糖をまぶす c 。

note
・仕上げに砂糖をまぶさず、ドーナツに切り込みを入れ、好みのジャムをはさんでもおいしいです。ジャムはアプリコットやマーマレードなど酸味のあるものがおすすめ。

卵、粉、乳製品のおやつ

蒸しケーキ

蒸してふくらませるからこそのふわもち食感！
蒸し器やせいろ、フライパンでも作れます。

[材料 と 下準備]　口径7.5×深さ4cmのプリンカップ7個分

A　プレーンヨーグルト（無糖）… 60g
　│砂糖 … 60g
　│塩 … ひとつまみ

卵 … 1個
　▷ 常温にもどす

油 … 60g

B　薄力粉 … 120g
　│ベーキングパウダー … 小さじ1

＊プリンカップに同じ大きさのグラシンカップを敷く[a]。

[作り方]

1　ボウルにAを入れて泡立て器で混ぜ、卵を加えてぐるぐる混ぜる。油を加え、なじむまでぐるぐる混ぜる。

2　Bをふるい入れ、粉けがなくなるまで混ぜ[b]、カップの6分目ほどまで流し入れる。

3　鍋にスチームプレートをセットし、プレートの3cmほど下まで水を入れる。中火にかけ、沸騰したら2をのせ、ふきんで包んだふたを少しずらしてのせ[c]、15分ほど蒸す。

note
・一度に蒸せない場合は2回に分けても。2回目に蒸す生地はカップにラップをして冷蔵室に入れておきます。

卵、粉、乳製品のおやつ

卵ボーロ

手作りするとこんなにおいしい！
子どもでなくともはまります。

[材料と下準備]　直径1.5cm 50個分

バター（食塩不使用）… 20g
　▷ 常温にもどす

きび砂糖 … 25g

卵黄 … 1個分
　▷ 常温にもどす

A　薄力粉 … 40g
　　片栗粉 … 50g
　　ベーキングパウダー … 小さじ1/4

＊オーブンは160℃に予熱する。

[作り方]

1. ボウルにバターを入れ、ゴムべらでクリーム状になるまで練る。きび砂糖を加えてなじむまでよく練り混ぜ、卵黄を加えてなじむまで混ぜる。

2. Aをふるい入れ、粉けがなくなるまで混ぜる。ひとつにまとめてラップで包み、冷蔵室で30分ほど休ませる。

3. カードで5等分にし、両手でころころ転がして長さ10cmほどの棒状にする。それぞれカードで10等分にして1個ずつやさしく丸め、形を整える。オーブン用シートを敷いた天板に並べ、160℃のオーブンで20分ほど焼く。

卵、粉、乳製品のおやつ

ベビーカステラ

たこ焼き器でくるくると作ります。
ひと口サイズで食べやすい！

[材料と下準備]　直径4cm 12個分

バター（食塩不使用）… 30g

A　卵 … 1個
　　▷常温にもどす
　　砂糖 … 40g

B　薄力粉 … 60g
　　ベーキングパウダー … 小さじ1/2

油 … 適量

[作り方]

1. 耐熱ボウルにバターを入れ、ふんわりラップをして電子レンジで30〜40秒加熱して溶かす。

2. ボウルにAを入れて泡立て器でぐるぐる混ぜ、1を加えてなじむまでぐるぐる混ぜる。Bをふるい入れ、ゴムべらで粉けがなくなるまで混ぜる。

3. たこ焼き器を弱めの中火（150〜160℃）にかけて温め、油をペーパータオルで薄く塗る a 。スプーンで2を8〜9分目まで流し入れ、生地の縁が固まってきたら菜箸1本を刺してくるっと返す b 。表面が固まったら、ときどきくるっと返しながら全体に焼き色がつくまで焼く。

note
・たこ焼き器の火力は機種により異なりますので、様子を見て火加減や温度を調節してください。

チョコレートボール

市販のカステラやケーキで作るチョコレート菓子。
生地を作る必要がないのでとっても簡単です。

[材料と下準備]　直径2.5cm 16個分

牛乳 … 25mℓ

ラム酒（好みで）… 小さじ1

チョコレート … 50g＋50g
　▷大きいものは適当な大きさに割る

カステラ（市販）[a] … 100g

オレンジピール … 25g
　▷刻む

ココアパウダー … 適量

[作り方]

1. 鍋に牛乳を入れて弱火にかけて温め、ラム酒を加える。火を止めてチョコレート50gを加え、ゴムべらで混ぜて溶かす。カステラを小さくちぎりながら加え、なじむまでよく混ぜ[b]、オレンジピールを加えてさっくり混ぜる。

2. まな板にのせて正方形に整え、包丁で16等分にし、丸める。バットに並べ、冷蔵室で30分ほど冷やす。

3. 耐熱ボウルにチョコレート50gを入れ、ふんわりラップをして電子レンジ（300W）で1〜2分加熱し、溶けきる前に取り出し、泡立て器で混ぜて溶かす。

4. ココアパウダーを茶こしに入れ、別のバットにたっぷりふる。

5. 2を3にくぐらせ[c]、4のバットにのせる。さらにココアパウダーをふり[d]、バットを軽く揺すって全体にまぶす。

note
・市販のカステラを使用することで味も食感も軽やかに。パウンドケーキやスポンジ生地などでもOK。

冷たいおやつ

冷たいおやつ

いちごミルクゼリー

生のいちごをたっぷりと使いつつ、
練乳も入っているのでしっかりミルキーです。

[材料と下準備] 容量150mlの容器4個分

A 水 … 100ml
　砂糖 … 30g

B 水 … 15ml
　粉ゼラチン a … 5g
　▷ 水に粉ゼラチンをふり入れ b 、5分ほどおいてふやかす

いちご … 正味120g
　▷ へたを取り、ハンドブレンダーで攪拌する

C 牛乳 … 120ml
　練乳(加糖) … 20g

[作り方]

1　鍋にAを入れて弱火にかけ、ゴムべらで混ぜながら沸騰させる。火を止めてBを加え、混ぜて溶かす。

2　鍋の底を冷水にあて、やさしく混ぜながら冷ます c 。冷水からはずし、いちごを加えて混ぜ、さらにCを加えて混ぜる。容器に流し入れ、冷蔵室で3時間ほど冷やし固め、好みで輪切りにしたいちご(分量外)をのせる。

note
・練乳は手作りしても(➡P95)。
・本書では粉ゼラチンは250mlの液体に対して5gを使用するものを使っています。

ヨーグルトゼリー
柑橘ソース添え

ゼリーだけでもおいしいのですが、
酸味のある柑橘のソースが相性抜群です！

冷たいおやつ

[材料と下準備]　容量180mlの容器4個分

ヨーグルトゼリー

　A　水 … 160ml
　　　砂糖 … 40g
　B　水 … 15ml
　　　粉ゼラチン … 5g
　　　▷水に粉ゼラチンをふり入れ、
　　　5分ほどおいてふやかす
　プレーンヨーグルト（無糖）… 300g

柑橘ソース

　C　柑橘類（オレンジやグレープフルーツなど）
　　　… 正味100g
　　　▷皮と薄皮をむいて果肉を取り出し、
　　　ざく切りにする（あれば種を取る）
　　　水 … 100ml
　　　砂糖 … 20g
　コアントロー（好みで）… 小さじ1

[作り方]

1. ヨーグルトゼリーを作る。鍋にAを入れて弱火にかけ、ゴムべらで混ぜながら沸騰させる。火を止めてBを加え、混ぜて溶かす。

2. 鍋の底を冷水にあて、やさしく混ぜながら冷ます。冷水からはずし、ヨーグルトを加えて混ぜ、容器に流し入れて冷蔵室で3時間ほど冷やし固める。ヨーグルトゼリーのできあがり。

3. 柑橘ソースを作る。鍋にCを入れ、弱火にかけてゴムべらで混ぜながら煮詰める。ゆるやかなとろみがついたら火を止め、コアントローを加える。耐熱容器に移し、冷めたら冷蔵室で冷やす。

4. 2のヨーグルトゼリーに3の柑橘ソースをかける。

note

・ソースはいちご、桃、いちじくなどでも作れます。

083

冷たいおやつ

豆乳ゼリー

こくもありつつ、ちょうどいい甘さ。
食後のデザートにぴったりです。

[材料と下準備]　17×11×深さ6cmのバット1台分

A　水 … 200㎖
　　砂糖 … 30g
B　水 … 15㎖
　　粉ゼラチン … 5g
　　▷水に粉ゼラチンをふり入れ、5分ほどおいてふやかす
C　豆乳（成分無調整）… 200㎖
　　生クリーム … 50㎖

[作り方]

1. 鍋にAを入れて弱火にかけ、ゴムべらで混ぜながら沸騰させる。火を止めてBを加え、混ぜて溶かす。

2. 鍋の底を冷水にあて、やさしく混ぜながら冷ます。冷水からはずし、Cを加えて混ぜ、バットに流し入れて冷蔵室で3時間ほど冷やし固める。

note
・黒みつやゆるくのばしたあんこをかけたり、くだもののシロップ煮（または缶詰など）を添えても。
・1人分ずつ容器に流し入れ、冷やし固めても構いません。

柑橘寒天

ゼリーとはまた違う歯切れのよい食感。
甘酸っぱさがくせになりそう。

[材料と下準備]　21×13×深さ6cmのバット1台分

A　水 … 400㎖
　│ 粉寒天 [a] … 2g
B　砂糖 … 50g
　│ はちみつ … 10g
柑橘類（小夏や甘夏など）… 正味300g
　▷ 皮と薄皮をむき、果肉を3cm角に切って種を取る。
　　ハンドブレンダーで攪拌し、ざるでこして300g用意する [b]

[作り方]

1　鍋にAを入れ、ゴムべらで混ぜながら中火にかける。沸騰したら弱火にし、さらに混ぜながら2分ほど煮る。火を止め、Bを加えて混ぜ、再び中火でひと煮立ちさせる。

2　火を止め、柑橘類を加えて混ぜる。バットに流し入れ、冷めたら冷蔵室で3時間ほど冷やし固める。

note
・今回は小夏を4個使用。甘夏、オレンジ、グレープフルーツなど好みのもので作ってみてください。300gに少し足りない場合は、水で重量を調節しても構いません。
・ハンドブレンダーやミキサーがない場合は果汁を搾ります。

麦茶寒天

意外な組み合わせですがとってもおいしいです。
黒みつがほんとによく合うんです。

[材料]　14×11×深さ4.5cmの流し缶[a] 1台分

水 … 100mℓ

丸粒麦茶 … 10g

A　水 … 500mℓ
　　粉寒天 … 2g

B　きび砂糖 … 30g
　　ラム酒（好みで）… 小さじ1

黒みつ … 適量

[作り方]

1　鍋に水（100mℓ）を入れて中火にかけ、沸騰したら丸粒麦茶を加えて2分ほど煮て、ざるでこす。

2　鍋にAを入れ、ゴムべらで混ぜながら中火にかける。沸騰したら弱火にし、さらに混ぜながら2分ほど煮る。火を止め、Bを加えて混ぜ、再び中火でひと煮立ちさせる。

3　火を止め、1を加えて混ぜる。流し缶に流し入れ、冷めたら冷蔵室で3時間ほど冷やし固める。取り出して食べやすい大きさに切り、器に盛って黒みつをかける。

note
・丸粒麦茶の代わりに麦茶パックを使用しても構いません。ほうじ茶やウーロン茶もおすすめ。紅茶でも作れますが、タンニンが多いので濁りやすいです。
・流し缶がない場合はバットで代用を。

豆乳プリン

ちょっとだけヘルシーなプリンです。
きび砂糖のこくのある甘さが効いています。

[材料と下準備]　口径7.5×深さ4cmのプリンカップ6個分

カラメルソース
　グラニュー糖 … 40g
　湯 … 小さじ1＋小さじ2
A　卵 … 2個
　　▷ 常温にもどす
　卵黄 … 2個分
　　▷ 常温にもどす
　きび砂糖 … 60g

豆乳（成分無調整）… 400ml

＊プリンカップの底面と側面にバター（食塩不使用・分量外）を薄く塗り、バットに並べる。
＊バットに注ぐ湯を沸かす。
＊オーブンは150℃に予熱する。

[作り方]

1. カラメルソースを作る。小鍋にグラニュー糖と湯小さじ1を入れ、ふたをして弱火にかける。グラニュー糖が溶けて色づき始めたらふたを取り、鍋を回してまんべんなく加熱する。全体が茶色くなったら火を止め、湯小さじ2を加えて a なじませる。カップに注ぎ入れる b 。

2. ボウルにAを入れ、泡立て器でぐるぐる混ぜる。豆乳を3回に分けて加え、そのつどなじむまでよく混ぜ、ざるでこす c 。

3. 1のカップに2をお玉ですくって流し入れる。バットごと天板にのせ、バットに湯を深さ1.5cmほど注ぎ d 、150℃のオーブンで20分ほど焼く。カップを取り出し、冷めたら冷蔵室で2時間ほど冷やす。

4. 表面にラップをかぶせ、指で縁を軽く押さえてすき間を作る e 。カップの底を湯（約70℃）につけて軽く温め、再び縁を軽く押さえて空気を入れる。カップを傾けながら器に取り出し、好みでさくらんぼ（缶詰・分量外）を添える。

note
・プリンカップは1個あたり容量120mlのものを使用。プリン液は100mlほど入ります。大きめの耐熱容器やホーローバットで作る場合は焼き時間を45分ほどにしてください。
・2でプリン液をこす前にラム酒小さじ1を加えても。
・豆乳は同量の牛乳で代用できます。

冷たいおやつ

チョコレートプリン

チョコとカラメルのほろ苦さが効いたやや大人向けのプリン。
食後に食べると口の中が落ち着きます。

[材料と下準備]

17×11×深さ6cmのホーローバット1台分

カラメルソース
　グラニュー糖 … 40g
　湯 … 小さじ1＋小さじ2

牛乳 … 400㎖

チョコレート … 60g
　▷ 大きいものは適当な大きさに割る

A　卵 … 3個
　　▷ 常温にもどす
　きび砂糖 … 60g

＊バットの底面と側面にバター（食塩不使用・分量外）を薄く塗る。
＊バットに注ぐ湯を沸かす。
＊オーブンは150℃に予熱する。

[作り方]

1. カラメルソースを作る。小鍋にグラニュー糖と湯小さじ1を入れ、ふたをして弱火にかける。グラニュー糖が溶けて色づき始めたらふたを取り、鍋を回してまんべんなく加熱する。全体が茶色くなったら火を止め、湯小さじ2を加えてなじませる。バットに注ぎ入れる。

2. 1の小鍋に牛乳を入れ、弱火にかけて温め、火を止める。チョコレートを加え、ゴムべらでよく混ぜて溶かす。

3. ボウルにAを入れ、泡立て器でぐるぐる混ぜる。2を3回に分けて加え、そのつどなじむまでよく混ぜる。ざるでこしながら1のバットに流し入れる。

4. 天板に大きめのバットをのせ、さらに3をのせる。大きめのバットに湯を深さ1.5cmほど注ぎ、150℃のオーブンで45分ほど焼く。型のバットを取り出し、冷めたら冷蔵室で2時間ほど冷やす。

5. 表面にラップをかぶせ、指で縁を軽く押さえてすき間を作る。バットの底を湯（約70℃）につけて軽く温め、再び縁を軽く押さえて空気を入れる。バットを傾けながら器に取り出す。

note

・2で牛乳を温めるときにすりおろしたオレンジの皮1個分を加えるとさわやかな風味が加わります。

・チョコレートは板チョコでも作れますが、クーベルチュールがおすすめ。2で溶けにくい場合は、ハンドブレンダーを使用するとムラなく溶けてなじみます。

・プリンカップやココットなど、小分けにして作る場合は焼き時間を20分ほどにしてください。

冷たいおやつ

練乳かき氷

手作りの練乳はとっても濃厚でおいしいんです。
好みのくだものを組み合わせるのもよいでしょう。

[材料と下準備]　作りやすい分量

練乳
　| 生クリーム … 150㎖
　| 牛乳 … 50㎖
　| 砂糖 … 100g

粒あん … 適量
　▷かたい場合は熱湯適量を加え、好みのかたさに調節する

氷 … 適量
　▷かき氷器に付属の製氷カップに水適量を入れ、冷凍室で凍らせる

[作り方]

1　練乳を作る。鍋に練乳の材料をすべて入れて弱火にかけ、ゴムべらで混ぜながら煮る。とろみがついたら a 耐熱容器に移し、冷ます。

2　器に粒あんを入れる。かき氷器に氷をセットし、粒あんの上に削り、1 の練乳をかける。

note
・粒あん50g、氷120g、練乳35gが1人分の目安量です。
・練乳の生クリームは乳脂肪分45%前後がおすすめ。
・練乳のできあがりは約200g。残った場合は冷蔵保存しても。保存の目安は約2週間。

冷たいおやつ

チョコレート
アイスキャンディー

アイスは意外と簡単に作れます。
やさしい甘さであと味さっぱりです。

[材料と下準備]　直径3×長さ10cmのアイスキャンディーの型 [a] 3個分

A 水 … 100mℓ
　メープルシロップ … 30g

チョコレート … 30g
　▷ 大きいものは適当な大きさに割る

プレーンヨーグルト（無糖）… 100g

[作り方]

1. 鍋にAを入れて中火にかけ、沸騰したら火を止める。チョコレートを加え、ゴムべらでよく混ぜて溶かし、そのまま冷ます。ヨーグルトを加え、よく混ぜる。
2. 型に流し入れてふたをし、アイスキャンディースティックを差し、冷凍室で5時間ほど冷やし固める [b]。

note
・ヨーグルトは酸味の少ないものがおすすめ。ヨーグルトの代わりに完熟バナナをつぶして加えてもおいしいです。

飲むおやつ

飲むおやつ

生メロンクリームソーダ

生のメロンを使用した、手作りならではのぜいたくドリンク。
果肉が緑色の青肉メロンを使うのがおすすめです。

[材料と下準備] 2〜3人分

A メロン … 1/2個（正味320g）
　　▷半分に切って種を取り、皮をむいて
　　　ひと口大に切る
　砂糖 … 40g

炭酸水（無糖）… 180mℓ
　▷冷やしておく

バニラアイスクリーム（市販）… 適量

[作り方]

1. 容器にAを入れ、ハンドブレンダーで攪拌する。1/2量は製氷皿に流し入れ、冷凍室で5時間ほど冷やし固める。残りは冷蔵室で冷やす。

2. グラスに1を入れ、炭酸水を注ぐ。アイスクリームをのせ、好みでさくらんぼ（缶詰・分量外）を添える。

ホットチョコレート

フランス語では「ショコラショー」。
気持ちがほっと落ち着くほろ苦さと甘さです。

[材料と下準備] 2人分

生クリーム … 50mℓ

水 … 50mℓ

チョコレート … 30g
　▷ 大きいものは適当な大きさに割る

牛乳 … 150mℓ

シナモンパウダー（好みで）… 適量

[作り方]

1. ボウルに生クリームを入れ、ボウルの底を氷水にあててハンドミキサーで大きく混ぜながら泡立てる。もったりとして、すくったときにぽったりと落ちるくらいになったらOK（八分立て）。

2. 鍋に水を入れて中火にかけ、沸騰したら火を止める。チョコレートを加え、ゴムべらでよく混ぜて溶かす。牛乳を加えて弱火にかけ、混ぜながら温める。

3. カップに入れて 1 をのせ、シナモンパウダーをふる。

note
・2 で水といっしょに柑橘類の皮を削ったもの、バニラビーンズなどを入れるとフレーバーがつきます（カップに入れるときに取り除く）。

ホットジンジャー

体の調子もよくなりそうなドリンクです。
まとめて作って保存しておいても。

[材料と下準備]　作りやすい分量

A　しょうが … 100g
　　▷ 皮つきのまま薄切りにする
　水 … 400㎖
　きび砂糖 … 100g
　シナモンスティック … 1本
　　▷ 適当な長さに折る
　クローブ … 1個
　カルダモン … 2個
レモン（国産・輪切り・好みで）… 適量
熱湯 … 適量

[作り方]

1. 鍋にAを入れて中火にかけ、煮立ったら弱火で10分ほど煮る。火を止め、そのまま冷ます。
2. 耐熱のグラスに1の適量とレモンを入れ、熱湯を注ぐ。

note
・1の状態で、冷蔵で約2週間保存できます。
・ホットジンジャーのシロップ20㎖に対し、熱湯80㎖が目安ですが、好みで調節してください。熱湯の代わりにほうじ茶や紅茶、炭酸水（無糖）などで割ってもおいしいです。

和風のおやつ

だんご3きょうだい

おいしいおだんご3種のレシピです。
作りたてのもちもちとしたやわらかさは絶品ですよ！

和風のおやつ

[材料と下準備]

焼きだんご（6本分）
- 上新粉 … 90g
- 白玉粉 … 30g
- 水 … 150㎖
- 砂糖 … 10g

しょうゆ（2本分）
- しょうゆ … 適量
- 焼きのり（全形） … 1/3枚
  ▷ 半分に切る

みたらし（作りやすい分量）
- 水 … 60㎖
- しょうゆ … 大さじ1と1/2
- 砂糖 … 40g
- 片栗粉 … 小さじ2

あん（2本分）
- こしあん … 30g

[作り方]

1. 焼きだんごを作る。耐熱ボウルに上新粉と白玉粉を入れて水を回しかけ、ゴムべらでなめらかになるまで混ぜ、砂糖を加えてよく混ぜる。ふんわりラップをして電子レンジで2分ほど加熱し、濡らしたゴムべらでよく練り混ぜる。再びふんわりラップをして電子レンジで2分ほど加熱し、同様に混ぜる。

2. かたく絞った濡れぶきんにのせ、ふきんを持ち上げながら生地を折り、上から押さえてこねる a 。なめらかになるまでこれを繰り返す。

3. 手に水をつけて棒状にまとめ、半分にちぎる。それぞれ直径2㎝ほどの棒状にのばして9等分にちぎり b 、丸める（全部で18個できる）。濡らした竹串に3個ずつ刺す。

4. フライパンを弱火にかけ、3 を並べて両面に焼き色がつくまで焼く c 。焼きだんごのできあがり。

しょうゆ

フライパンを弱火にかけて 4 の焼きだんご2本を並べ、上面にはけでしょうゆを薄く塗り、上下を返してさっと焼く。さらに上面にしょうゆを薄く塗って上下を返し、さっと焼いてのりで包む。

みたらし

小鍋にみたらしの材料をすべて入れ、ゴムべらで混ぜながら中火にかける。とろみがついたらバットに移し、4 の焼きだんご2本にたっぷりからめる。

あん

4 の焼きだんご2本の上面にこしあんを塗り広げる。

note
- みたらしは分量が少ないと失敗しやすいので、ここのみ約6本分の分量になっています。
- 焼きだんごはオーブン用シートに取り出しておくとくっつきません。かたくなってしまったら耐熱皿にのせ、ふんわりラップをして電子レンジで10秒ほど温めてください。

おしるこ

白あんと甘酒で作るからマイルドな甘さ。
おもちが余っていたら作ってみてください。

[材料と下準備] 1人分

A 白あん … 100g
　米麹の甘酒 [a] … 50g
　水 … 大さじ2〜

切りもち … 1個
　▷ 半分に切る

白いりごま … 大さじ1
　▷ 軽くすりつぶす

[作り方]

1　鍋にAを入れ、ゴムべらで混ぜながら弱めの中火で温める。

2　フライパンを弱火にかけ、もちを並べ、両面に焼き色がつくまで焼く。

3　器に1を盛り、2をのせ、ごまをふる。

note
・Aの水の量は白あんや甘酒の濃度に合わせて調節してください。
・白あんの代わりに粒あんやこしあん、切りもちの代わりに生麩、白いりごまの代わりにくるみでもおいしいです。
・米麹や米が原料の甘酒には自然な甘みがあり、アルコールが含まれていないので子ども用に作る場合も安心です。アルコールを含む酒粕が原料の甘酒を使用しても構いません。

蒸しまんじゅう

甘酸っぱいアプリコットがアクセント。
あんこの甘さとよく合います。

[材料と下準備] 9個分

粒あん … 180g
▷ 9等分にして丸める

ドライアプリコット … 5個
▷ 2cm角に切り、9切れ用意する

黒みつ … 70g

A 薄力粉 … 80g
　ベーキングパウダー … 小さじ1/2

打ち粉（強力粉）… 適量

＊6cm四方ほどに切ったオーブン用シートを9枚用意する。

[作り方]

1. 粒あんにドライアプリコットをのせる a 。

2. ボウルに黒みつを入れ、Aをふるい入れ、ゴムべらで粉けがなくなり、なめらかになるまで混ぜる b 。ラップで包み、冷蔵室で30分ほど休ませる。

3. 打ち粉をふった台にのせ、表面にも打ち粉をふり、カードで9等分にする。手に打ち粉をつけながら丸め、直径7cmほどに広げる。

4. 1のドライアプリコットが下になるようにのせ c 、1を押し込みながら生地を持ち上げるように包み、軽く閉じる d 。形を整え、6cm四方ほどに切ったオーブン用シートに閉じ目を下にして置く。

5. 鍋にたっぷりの水を入れてせいろ（蒸し器）をのせ、強火にかける。沸騰したら4を並べ、ふたをして強火のまま10分ほど蒸す。

note
・ドライアプリコットの代わりに干し柿、粒あんの代わりにこしあんでも。

おかき

もちは薄めに切るのがこつ。
少しひびが入るくらいまで乾燥させましょう。

[材料と下準備] 作りやすい分量

切りもち、玄米もち … 各適量
　▷ 長さ3cm、幅1cm、厚さ3mmに切り、
　網にのせて1日ほどおき、乾燥させる

揚げ油 … 適量

塩 … 適量

[作り方]

1　フライパンに揚げ油ともちを入れ、中火にかけて揚げる。ときどき上下を返し、もちがふくらみ、カリッとしたら油をきり、塩をふる。

note
・破裂を防ぐため、揚げ油にもちを入れてから火にかけ、じっくり揚げていきます。
・塩の代わりにしょうゆをかけてもおいしいです。

わらびもち

粘りが出てきてからは根気よくしっかり混ぜ続けます。
仕上げに好みで黒みつをかけてもいいですね。

[材料 と 下準備]　作りやすい分量

A　水 … 300㎖
　　わらびもち粉 a … 50g

砂糖 … 50g

黒みつ … 50g

きな粉 … 適量

＊バットの内側を水で濡らしておく。

[作り方]

1　鍋にAを入れ、泡立て器でよく混ぜてわらびもち粉を溶かす。砂糖、黒みつの順に加え、そのつどよく混ぜる。

2　1をゴムべらで混ぜながら中火にかける。粘りが出てきたら弱めの中火にし、鍋底から力強く練り混ぜながら、のびやかさと透明感が出るまで加熱する b （火にかけてから5〜10分が目安）。

3　水で濡らしたバットに流し入れ、バットの底を氷水にあてて冷ます c 。氷水からはずし、きな粉を茶こしに入れてふる。ひと回り大きい別のバットをかぶせてひっくり返し、さらにきな粉をふる。水で濡らしたカードで食べやすい大きさに切り分ける。

note

・わらびの地下茎のでんぷんが原料のものは「本わらび粉」。希少で高価なため、さつまいもなどのでんぷんを原料にした「わらびもち粉」「わらび粉」が一般的です。

水ようかん

粉寒天とこしあんがあれば意外と簡単に作れます。
できたての口溶けのよさは格別！

[材料]　14×11×深さ4.5cmの流し缶1台分

A　水 … 450㎖
　　粉寒天 … 2g
B　砂糖 … 40g
　　塩 … ひとつまみ
こしあん … 250g

[作り方]

1. 鍋にAを入れ、ゴムべらで混ぜながら中火にかける。沸騰したら弱火にし、さらに混ぜながら2分ほど煮る。火を止め、Bを加えて混ぜ、再び中火でひと煮立ちさせる。
2. 耐熱ボウルにこしあんを入れ、1を少しずつ加えながらゴムべらで溶きのばす。ボウルの底を冷水にあて、やさしく混ぜながら粗熱をとる。
3. 流し缶に流し入れ[a]、冷蔵室で3時間ほど冷やし固める。

note
・流し缶がない場合はバットを使用してもOK。

食パンのおやつ

食パンのおやつ

フレンチトースト

形が崩れにくく、食感が軽やかなフレンチトーストです。
卵液に浸すのを短時間に留めておくのがポイント。

[材料と下準備] 2人分

食パン（4枚切り）… 2枚
　▷みみを切り落とし、半分に切る（みみは取っておく）

A 卵 … 1個
　　▷常温にもどす
　牛乳 … 100㎖
　砂糖 … 15g
　▷ボウルに入れてよく混ぜ、バットに移す

バター（食塩不使用）… 10g
メープルシロップ（好みで）… 適量

[作り方]

1. 食パンとみみはAのバットに加えてさっと浸し a 、上下を返してさっと浸す。

2. フライパンにバターを中火で溶かし、1を並べてふたをし、焼き色がつくまで弱火で3分ほど蒸し焼きにする。上下を返し、同様に2〜3分蒸し焼きにする。器に盛り、メープルシロップをかける。

117

クリームチーズ はちみつトースト

まるでチーズケーキみたいな味！
刻んだオレンジピールなどを加えても。

[材料と下準備] 1人分

食パン（6枚切り）… 1枚
A　クリームチーズ … 50g
　　▷ 常温にもどす
　　はちみつ … 20g
　　▷ 混ぜる

[作り方]

1. 食パンにAを塗り、オーブントースターで表面に薄い焼き色がつくまで4〜5分焼く（または200℃に予熱したオーブンで10分ほど焼く）。

食パンのおやつ

ラスク

食パンのみみが甘くておいしいおやつに変身!
オーブンでカリッと焼きあげます。

[材料 と 下準備]　作りやすい分量

食パンのみみ … 80g
　▷ 長さを半分に切る
バター（食塩不使用）… 40g
砂糖 … 15g
＊オーブンは120℃に予熱する。

[作り方]

1. 耐熱ボウルにバターを入れ、ふんわりラップをして電子レンジで40〜50秒加熱して溶かす。

2. バットに食パンのみみを入れ、1を回しかけ、砂糖をふる。バットを軽く揺すって全体にまぶす。オーブン用シートを敷いた天板に広げ、120℃のオーブンで30分ほど焼く。

note
・食パンのみみの代わりに薄切りにしたバゲットなどでも。

食パンのおやつ

クリームチーズと
チョコレートのホットサンド

食べごたえ満点のおやつパン。
ホットサンドメーカーがなくてもフライパンで作れます。

[材料と下準備] 2人分

食パン（5枚切り）… 2枚
　▷一辺のみみを切り落とし、切り口から深い
　　切り込みを入れてポケット状にする [a]

クリームチーズ … 40g
　▷詰めやすい大きさに切る

チョコレート … 20g
　▷大きいものは適当な大きさに割る

バター（食塩不使用）… 適量

[作り方]

1　食パンのポケットにクリームチーズとチョコレートを詰め [b]、指で口をぎゅっと押さえて閉じる [c]。

2　フライパンにバターを薄く塗り、1の1/2量を入れて中火にかけ、ときどきフライ返しでぎゅっと押さえながら2〜3分焼く。焼き色がついたら上下を返し、バター少々を足して同様に2〜3分焼く。残りも同様に焼く。

note
・輪切りにしたオレンジやバナナを追加したり、チョコレートの代わりにバターと砂糖でソテーしたりんごを詰めるのもおいしいです。ツナマヨやハムチーズなど、しょっぱい系も合います。
・ホットサンドメーカーで焼いてもOK。

4つのディップ

食パンにつけておいしい塗りものをご紹介します。
クッキーなどではさんで食べても。

いちごバター

[材料と下準備] 作りやすい分量

いちご … 正味70g
　▷へたを取り、5mm角に切る

砂糖 … 20g

バター（食塩不使用）… 80g
　▷常温にもどす

[作り方]

1. 耐熱ボウルにいちごを入れ、砂糖をふってまぶす。ふんわりラップをし、とろりとするまで電子レンジで4分ほど加熱して冷ます。

2. ボウルにバターを入れ、ゴムべらでクリーム状になるまで練り、1を加えてさっくり混ぜる。

ドライフルーツと クリームチーズ

[材料と下準備] 作りやすい分量

クリームチーズ … 50g
　▷常温にもどす

砂糖 … 5g

A　ドライいちじく … 25g
　　　▷細かく刻む
　　オレンジピール … 25g
　　　▷細かく刻む

[作り方]

1. ボウルにクリームチーズを入れ、ゴムべらでクリーム状になるまで練り、砂糖を加えてよく混ぜる。Aを加え、さっくり混ぜる。

チョコレート

[材料と下準備] 作りやすい分量

牛乳 … 50ml

チョコレート … 60g
　▷大きいものは適当な大きさに割る

[作り方]

1. 鍋に牛乳を入れ、弱火にかけて温め、火を止める。チョコレートを加え、ゴムべらでよく混ぜて溶かす。耐熱容器に移して冷まし、さらに冷蔵室で冷やす。

キャラメル

[材料] 作りやすい分量

A　グラニュー糖 … 100g
　　水 … 小さじ1

生クリーム … 90ml

[作り方]

1. 小鍋にAを入れ、ふたをして弱火にかける。グラニュー糖が溶けて色づき始めたらふたを取り、鍋を回してまんべんなく加熱し、全体が茶色くなったら[a]火を止める。生クリームを3回に分けて加え、そのつど鍋を回してよくなじませる。耐熱容器に移して冷まし、さらに冷蔵室で冷やす。

<u>note</u>
・1回目に加える生クリームの量は少なめにし、2、3回目と少しずつ量を増やしていくとなじみやすいです。

食パンのおやつ

野菜のおやつ

野菜のおやつ

野菜チップス

いもや根菜を薄く切って揚げるだけ。
揚げたてのサクサクとした食感と香りはたまりません!

[材料と下準備] 作りやすい分量

A じゃがいも … 1個
　さつまいも … 1/2本
　れんこん … 小1節
　▷それぞれ皮つきのままスライサーで薄切りにし、水に3分ほどさらして水けを拭く

セージ(あれば) … 2枝
　▷葉を摘む

揚げ油 … 適量

塩 … 適量

[作り方]

1　フライパンに揚げ油を入れて150℃に熱し、セージを透明感が出てくるまで揚げ、油をきって塩をふる。

2　揚げ油を160℃に上げ、Aをそれぞれ重ならないように広げてパリッとするまで揚げ、油をきって塩をふる。

note
・フライパンの中がぎゅうぎゅうになるようなら何回かに分けて揚げてください。
・セージの代わりにバジルでも。野菜はごぼうもおすすめ。

焼きいもスコーン

焼きいもはトッピングにも使って食感のアクセントに。
表面から見えるように軽く埋め込めばOKです。

野菜のおやつ

[材料と下準備] 8個分

焼きいも（市販）… 1本（正味230g）
　▷ 皮をむき、150gと80gに分ける。
　80gは1.5cm角に切る

A　薄力粉 … 200g
　　ベーキングパウダー … 小さじ2
　　きび砂糖 … 30g
　　塩 … ひとつまみ

バター（食塩不使用）… 40g
　▷ 1cm角に切り、冷やしておく

B　牛乳 … 40mℓ
　　卵 … 1個
　　　▷ 常温にもどす

打ち粉（強力粉）… 適量

＊オーブンは200℃に予熱する。

[作り方]

1. ボウルにAをふるい入れる。バターを加え、指先でつぶすようにしながら粉類となじませ a 、ときどきこすり合わせて、さらっとした状態にする。

2. 別のボウルに焼きいも150gを入れて泡立て器でつぶし、Bを加えてぐるぐる混ぜる b 。

3. 1 に 2 を加え、ゴムべらで切るように混ぜる。ほぼ粉けがなくなったらひとつにまとめる。

4. 打ち粉をふった台にのせ、表面にも打ち粉をふり、カードで8等分にする。手に打ち粉をつけながらやさしく丸め、1.5cm角に切った焼きいも80gをところどころに埋め込みながら形を整える c 。オーブン用シートを敷いた天板にのせ、200℃のオーブンで15分ほど焼く。

野菜のおやつ

大学いも

砂糖、はちみつ、ちょっとのしょうゆで味つけ。
軽食にもなるボリューム感です。

[材料と下準備]　作りやすい分量

さつまいも … 250g
　▷ 皮つきのままひと口大の乱切りにし、
　　水に5分ほどさらして水けをきる
揚げ油 … 適量
A　砂糖 … 50g
　　はちみつ … 20g
　　しょうゆ … 小さじ1/2
　　水 … 大さじ1
黒いりごま … 適量

[作り方]

1　鍋にたっぷりの水を入れてせいろ(蒸し器)をのせ、強火にかける。沸騰したらさつまいもを並べ、ふたをして中火で10分ほど蒸し、粗熱がとれたら水けを拭く。

2　フライパンに揚げ油を入れて180℃に熱し、1をときどき返しながらカラリと揚げ、油をきる。

3　鍋にAを入れて中火にかけ、ゴムべらで混ぜながらとろりとするまで煮詰める。火を止め、2を加えてさっとからめ、器に盛ってごまをふる。

note
・さつまいもは蒸すのがおすすめですが、せいろや蒸し器がない場合は電子レンジで加熱してもOK。耐熱ボウルにさつまいもを入れて水大さじ1をふり、ふんわりラップをして5分ほど加熱してください。

野菜のおやつ

ナッツの砂糖がらめ

栄養満点なおやつです。
ナッツさえあればあとは砂糖とバターで完成！

[材料]　作りやすい分量

A　ナッツ（ロースト済み・無塩・くるみ、アーモンド、カシューナッツなど）
　　… 合計75g
　グラニュー糖 … 30g
　水 … 小さじ1

バター（食塩不使用）… 5g

[作り方]

1. 小鍋にAを入れて中火にかけ、ふつふつとしてきたらバターを加え、ゴムべらで混ぜながら加熱する。グラニュー糖が溶け、白く固まってきたら弱火にし、さらに混ぜながら5分ほど加熱する。
2. 濃い茶色になり、つやが出てきたら a オーブン用シートを敷いたバットに取り出し、くっつかないように離して冷ます。

note
・生のナッツを使用する場合は160℃に予熱したオーブンで7分ほどローストし、冷ましてから使用を。ピーナッツで作ってもおいしいです。
・湿気に弱いので作りおきには不向きです。

しょっぱいおやつ

しょっぱいおやつ

チーズ入り焼きおにぎり

チーズのおかげで満足感アップ！
具材は好みでアレンジしてください。

[材料と下準備] 3個分

温かいご飯 … 300g
A プロセスチーズ … 30g
　　▷ 7mm角に切る
　ちりめんじゃこ … 15g
　むき枝豆 … 30粒
　　▷ 冷凍の場合は解凍する
　黒いりごま … 小さじ2
バター … 少々
しょうゆ … 大さじ1/2＋大さじ1/2

[作り方]

1　ボウルにご飯を入れ、Aを加えてさっくり混ぜる。3等分にしてそれぞれラップにのせ、三角に握る a 。

2　フライパンにバターを中火で溶かし、1を並べて両面に焼き色がつくまで焼く。上面にはけでしょうゆ大さじ1/2を塗って上下を返し、さっと焼く。さらに上面にしょうゆ大さじ1/2を塗って上下を返し、さっと焼く。

note
・プロセスチーズ以外の具材は好みで変更しても。むき枝豆の代わりにゆでたとうもろこしでも合います。

しょっぱいおやつ

チーズせんべい

油をひかないのがカリッと仕上げるこつ。
細切りタイプのシュレッドチーズでも作れます。

[材料と下準備]　直径6cm 6枚分

グリュイエールチーズ … 50g
　▷すりおろす

白いりごま … 大さじ1/2

[作り方]

1　フライパンにグリュイエールチーズを1/6量ずつのせて直径5〜6cmに広げ、ごまをふる a 。弱めの中火にかけて5分ほど焼き、フライ返しでそっと上下を返して2分ほど焼く。

2　ペーパータオルを敷いたバットにそっと取り出して余分な脂を取り、網にのせて冷ます。

note
・オーブンで焼いてもOK。オーブン用シートを敷いた天板に同様に並べ、170℃に予熱したオーブンで8〜10分焼きます。

じゃがいもととうもろこしのお焼き

仕上げに熱湯を注いで蒸し焼きにすることで
お焼き特有のもちもち感が出ます。

[材料と下準備]　8個分

具
- じゃがいも … 3〜4個（正味300g）
  ▷ 皮をむいてひと口大に切り、水に3分ほどさらして水けをきる
- とうもろこし … 1本（正味100g）
  ▷ 包丁で身をこそげ取る
- A｜バター（食塩不使用）… 20g
  ｜塩 … 小さじ1
  ｜こしょう … 少々

生地
- B｜水 … 70㎖
  ｜油 … 10g
  ｜砂糖 … 大さじ1
  ｜塩 … 少々
- C｜薄力粉 … 140g
  ｜ベーキングパウダー … 小さじ1
- 油 … 適量
- 熱湯 … 100㎖（2回に分けて焼く場合は50㎖ずつ）
- 打ち粉（強力粉）… 適量

[作り方]

1. 具を作る。鍋にじゃがいもとかぶるくらいの水を入れて中火にかけ、沸騰したら10分ほどゆでる。とうもろこしを加えてさらに3分ほどゆで、火が通ったらいっしょにざるに上げて水けをきる。

2. ①を鍋に戻し入れ（火にかけない）、Aを加えてフォークでじゃがいもをつぶしながら混ぜる。冷めたら8等分にしてラップで包み、きゅっと絞って丸めてから直径5cmほどの平たい円形にする a 。具のできあがり。

3. 生地を作る。ボウルにBを入れて泡立て器でぐるぐる混ぜる。Cをふるい入れ、ゴムべらで粉けがなくなるまで混ぜる。

4. 打ち粉をふった台にのせ、表面にも打ち粉をふる。手に打ち粉をつけ、上から押さえて広げ、半分に折り b 、合わせ目を下にする。なめらかになるまでこれを2〜3回繰り返す。カードで8等分にし、手に打ち粉をつけながら丸め、直径8cmほどに広げる。生地のできあがり。

5. ④の生地に②の具をのせ、具を押し込みながら生地を持ち上げるように包み c 、ぎゅっと閉じて形を整える。

6. フライパンに油をペーパータオルで薄く塗り、⑤の閉じ目を下にして並べる。ふたをして弱火にかけ、10分ほど蒸し焼きにし、上下を返して同様に10分ほど蒸し焼きにする。両面に焼き色がついたら熱湯を注ぎ入れ d 、ふたをして水分がなくなるまで中火で5分ほど蒸し焼きにする。

たこ焼き

スーパーなどで売られているちくわの磯辺揚げや
天ぷらを加えるとうまみが増し、天かすの代わりにもなります。

[材料と下準備]　直径4cm 20個分

薄力粉 … 100g

だし汁（冷ましたもの）… 300㎖

A　卵 … 2個
　　　▷常温にもどす
　　牛乳 … 大さじ1

油 … 適量

長ねぎ … 1本
　▷縦半分に切ってから薄切りにする

ゆでたこの足 … 70g
　▷1cm角に切る

ちくわの磯辺揚げ（市販）[a] … 60g
　▷1cm角に切る

紅しょうが … 20g
　▷みじん切りにする

青のり … 大さじ1

好みのソース、削り節 … 各適量

[作り方]

1　ボウルに薄力粉をふるい入れ、だし汁を2回に分けて加え、そのつど泡立て器でなじむまで混ぜる。Aを加えてぐるぐる混ぜ、注ぎ口がついている容器に移す。

2　たこ焼き器を中火（200〜230℃）にかけて温め、油をペーパータオルで多めに塗る。1の1/2量を流し入れ、長ねぎ、たこ、ちくわの磯辺揚げ、紅しょうがを散らし、残りの1を流し入れて[b]青のりをふる。

3　生地の縁が固まってきたら、あふれている生地を巻き込みながら菜箸1本を刺してくるっと返す[c]。表面が固まったら、ときどきくるっと返しながら全体に焼き色がつくまで焼く。器に盛り、ソースをかけて削り節をふる。

note
・温度が上がりやすいプレートの中央から生地を返していきます。
・たこ焼き器の火力は機種により異なりますので、様子を見て火加減や温度を調節してください。

ケークサレ

通常はパウンド型で作りますが、
これはココットで作る1人分サイズ。前菜にもぴったり。

しょっぱいおやつ

[材料と下準備]　口径6.5×深さ4.5cmのココット5個分

ブロッコリー … 正味50g
　▷小房に分ける

A　にんじん … 小1/2本（正味50g）
　　▷すりおろす

　卵 … 1個
　　▷常温にもどす

　豆乳（成分無調整）… 50㎖

　油 … 40g

　砂糖 … 10g

　塩 … 小さじ1/2

B　薄力粉 … 100g

　ベーキングパウダー … 小さじ1

ロースハム … 3枚
　▷1cm四方に切る

プロセスチーズ … 50g
　▷5mm角に切る

ミニトマト … 2と1/2個
　▷1個のものは半分に切る

粗びき黒こしょう … 適量

＊ココットの底面と側面に油（分量外）を薄く塗る a 。
＊オーブンは180℃に予熱する。

[作り方]

1　鍋に湯を沸かし、ブロッコリーを3分ほどゆでてざるに上げ、水けをきる。粗熱がとれたら1cm角に切る。

2　ボウルにAを入れて泡立て器でぐるぐる混ぜ b 、Bをふるい入れて粉けがなくなるまで混ぜる。1、ハムの2/3量、プロセスチーズを加え、ゴムべらでさっくり混ぜる。

3　ココットにスプーンで流し入れ、残りのハムを散らしてミニトマトをのせ、粗びき黒こしょうをふる c 。180℃のオーブンで20分ほど焼く。

note
・ココットは容量100㎖のものを使用。8分目を目安に生地を入れてください。
・ハムの代わりにウインナソーセージ、スモークサーモン、たらこ、えびなどでも。豆乳の代わりに牛乳、油はオリーブオイルでもOK。

ミニアメリカンドッグ

いつものソーセージに衣をつけて揚げるだけ！
揚げたてが抜群においしくて止まらなくなります。

[材料と下準備] 10〜12本分

A 卵 … 1個
　　▷ 常温にもどす
　牛乳 … 50mℓ
　油 … 10g
　きび砂糖 … 10g
　塩 … 少々

B 薄力粉 … 90g
　ベーキングパウダー … 小さじ3/4

揚げ油 … 適量

ウインナソーセージ … 10〜12本
　▷ 楊枝を刺す a

トマトケチャップ … 適量

[作り方]

1. ボウルにAを入れて泡立て器でぐるぐる混ぜ、Bをふるい入れて粉けがなくなるまで混ぜる。

2. フライパンに揚げ油を入れて170℃に熱し、ソーセージをくるくる回しながら 1 をたっぷりからめて b 入れる。ときどき返しながらカラリと揚げ c 、油をきって器に盛り、トマトケチャップをかける。

note
・一度に揚げるよりも少量ずつ揚げるほうがきれいに仕上がります。

本間節子

お菓子研究家、日本茶インストラクター。少人数制のお菓子教室「atelier h」主宰。季節感と素材本来の味を大切にした、体にやさしくておいしいお菓子を提案している。ドリンクやお茶にも造詣が深い。著書に『いちばんわかりやすい はじめてのお菓子』(成美堂出版)、『日本茶のさわやかスイーツ』(世界文化社)、『やわらかとろける いとしのゼリー』(主婦の友社)など多数。Instagram @hommatelierh

調理補助　今井佳菜子　黒田由香
撮影　豊田朋子
スタイリング　西森萌
デザイン　高橋朱里(マルサンカク)
文　佐藤友恵
校閲　安藤尚子　河野久美子
編集　小田真一

撮影協力　UTUWA

読者アンケートにご協力ください

この度はお買い上げいただきありがとうございました。『おやつ大全集』はいかがだったでしょうか? 上のQRコードからアンケートにお答えいただけると幸いです。今後のより良い本作りに活用させていただきます。所要時間は5分ほどです。

＊このアンケートは編集作業の参考にするもので、ほかの目的では使用しません。詳しくは当社のプライバシーポリシー (https://www.shufu.co.jp/privacy/) をご覧ください。

おやつ大全集
だいたい家にあるもので作れる77レシピ

著　者	本間節子
編集人	束田卓郎
発行人	殿塚郁夫
発行所	株式会社主婦と生活社
	〒104-8357 東京都中央区京橋3-5-7
	[編集部] ☎ 03-3563-5129
	[販売部] ☎ 03-3563-5121
	[生産部] ☎ 03-3563-5125
	https://www.shufu.co.jp
	jituyou_shufusei@mb.shufu.co.jp
製版所	東京カラーフォト・プロセス株式会社
印刷所	共同印刷株式会社
製本所	株式会社若林製本工場

ISBN978-4-391-16266-0

十分に気をつけながら造本していますが、落丁、乱丁本はお取り替えいたします。お買い求めの書店か、小社生産部にお申し出ください。

R本書を無断で複写複製(電子化を含む)することは、著作権法上の例外を除き、禁じられています。本書をコピーされる場合は、事前に日本複製権センター(JRRC)の許諾を受けてください。また、本書を代行業者等の第三者に依頼してスキャンやデジタル化をすることは、たとえ個人や家庭内の利用であっても、一切認められておりません。
JRRC https://jrrc.or.jp
Eメール jrrc_info@jrrc.or.jp
☎ 03-6809-1281

© SETSUKO HOMMA 2024 Printed in Japan